Einfaches Windows 11 für Senioren 2024

Beherrschen Sie einfache Wege und Schritte, um als Senior das beste Windows 11-Erlebnis zu erzielen

Steve Hopkins

Urheberrechte ©

Urheberrecht © 2024. Stella Wilson. Alle Rechte vorbehalten.

Dieses Werk, einschließlich, aber nicht beschränkt auf Text, Bilder, Grafiken, Audio- und Videoinhalte, ist Eigentum von Stella Wilson und durch Urheberrechtsgesetze und internationale Verträge geschützt. Ohne vorherige schriftliche Genehmigung von Stella ist die Vervielfältigung, Verbreitung oder Übertragung dieses Werks ganz oder teilweise in jeglicher Form oder mit jeglichen Mitteln, elektronisch oder mechanisch, einschließlich Fotokopieren, Aufzeichnen oder durch ein beliebiges Informationsspeicher- und -abrufsystem, nicht gestattet Wilson, ist strengstens verboten.

Ohne die ausdrückliche schriftliche Zustimmung von Stella Wilson ist es Ihnen nicht gestattet, dieses Material zu modifizieren, anzupassen, zu übersetzen, zurückzuentwickeln, zu dekompilieren, zu disassemblieren oder daraus abgeleitete Werke zu erstellen.

Es wird die Erlaubnis erteilt, vorübergehend eine Kopie des Materials nur für die persönliche, nichtkommerzielle vorübergehende Betrachtung herunterzuladen. Hierbei handelt es sich um die Gewährung einer Lizenz, nicht um eine Eigentumsübertragung, und im Rahmen dieser Lizenz ist es Ihnen nicht gestattet:

- das Werk verändern oder kopieren;
- das Werk für kommerzielle Zwecke oder zur öffentlichen Zurschaustellung (kommerziell oder nichtkommerziell) nutzen;
- versuchen, die im Werk enthaltene Software zu dekompilieren oder zurückzuentwickeln;
- jegliche Urheberrechts- oder andere Eigentumsvermerke aus dem Werk entfernen; oder

- Übertragen Sie die Arbeit an eine andere Person oder „spiegeln" Sie die Arbeit auf einen anderen Server.

Diese Lizenz erlischt automatisch, wenn Sie gegen eine dieser Einschränkungen verstoßen, und kann von Stella Wilson jederzeit gekündigt werden. Wenn Sie die Anzeige dieser Materialien oder die Beendigung dieser Lizenz beenden, müssen Sie alle heruntergeladenen Materialien in Ihrem Besitz vernichten, sei es in elektronischer oder gedruckter Form.

Für Berechtigungsanfragen, Anfragen oder Lizenzvereinbarungen wenden Sie sich bitte an Stella Wilson

Durch den Zugriff auf oder die Nutzung dieses Werks erklären Sie sich mit den Bestimmungen dieses Urheberrechtshinweises einverstanden.

Inhaltsverzeichnis

Urheberrechte ©
Einführung
Kapitel eins
Kapitel Zwei
Personalisieren Sie Ihren Desktop-Hintergrund
    Anpassen der Anzeigeeinstellungen für bessere Sichtbarkeit
    Themen und Farben ändern:
    Einstellungen öffnen:
    Barrierefreiheit Optionen einrichten:
Kapitel drei: Den Datei-Explorer verstehen
Kapitel 4: Programme installieren und deinstallieren
Kapitel fünf: Surfen im Internet mit Microsoft Edge: Öffnen von Microsoft Edge
Kapitel sechs
Kapitel sieben
Kapitel Acht
Kapitel Neun
Kapitel Neun

Dankbarkeit Rede

Liebe Leser,

Hier bin ich mit dankbarem Herzen. Mit großer Freude und Wertschätzung möchte ich jedem einzelnen von Ihnen meinen aufrichtigen Dank aussprechen, der meine Bücher bei Amazon Kindle Direct Publishing (KDP) gekauft hat.

Ihre Unterstützung und Ihr Glaube an meine Arbeit bedeuten mir mehr, als Worte ausdrücken können. Jedes Mal, wenn Sie sich entscheiden, in eine meiner Kreationen zu investieren, unterstützen Sie nicht nur meine Leidenschaft, sondern werden auch ein integraler Bestandteil meiner Reise als Autor.

Schreiben ist ein einsames Unterfangen, aber Ihre Leser verwandeln es in ein gemeinsames Erlebnis. Ihre Bewertungen, Ihr Feedback und Ihre Ermutigung beflügeln meine Kreativität und treiben mich dazu an, weiterhin Grenzen zu überschreiten und neue Horizonte im Geschichtenerzählen zu erkunden. Jedes Buch, das ich veröffentliche, ist eine Herzensangelegenheit, die ich mit der Hoffnung erarbeite, Herzen zu berühren, Fantasie anzuregen und vielleicht sogar einen bleibenden Eindruck bei denen zu hinterlassen, die sich mit den Seiten befassen. Zu wissen, dass meine Worte in irgendeiner Weise bei Ihnen Anklang gefunden haben, erfüllt mich mit einem tiefen Gefühl von Zielstrebigkeit und Erfüllung. Ich bin zutiefst dankbar für Ihr Vertrauen und Ihre Loyalität, denn es ist Ihre unerschütterliche Unterstützung, die es mir ermöglicht, meine Träume zu verwirklichen und meiner Leidenschaft für das Schreiben nachzugehen. Während ich diese Reise fortsetze, trage ich Ihre Freundlichkeit und Ermutigung mit mir und schöpfe Kraft aus dem Wissen, dass ich mit einer so unglaublichen Lesergemeinschaft gesegnet bin.

Also, ich danke Ihnen aus tiefstem Herzen. Vielen Dank, dass Sie sich für meine Bücher entschieden haben, danke, dass Sie an mich geglaubt haben, und danke, dass Sie Teil dieses wunderbaren Abenteuers waren. Ich bin für Ihre Unterstützung ewig dankbar und freue mich darauf, in Zukunft noch viele weitere Geschichten mit Ihnen zu teilen.
Mit herzlicher Wertschätzung,
Steve Hopkins

Einführung

Willkommen bei „Easy Windows 11 für Senioren"! Dieses Buch soll Ihr umfassender Leitfaden zum Navigieren in der neuesten Version des

Microsoft-Betriebssystems Windows 11 sein, das speziell auf die Bedürfnisse von Senioren zugeschnitten ist. Egal, ob

Sie ein Neuling in der Welt der Computer sind oder Ihre Fähigkeiten verbessern möchten, um mit den neuesten Technologietrends Schritt zu halten, dieses Buch unterstützt Sie bei jedem Schritt auf dem Weg.

Technologie ist zu einem integralen Bestandteil unseres täglichen Lebens geworden und bietet unzählige Möglichkeiten für Kommunikation, Unterhaltung und Produktivität. Für viele Senioren kann die Aussicht, den Umgang mit einem neuen Betriebssystem zu erlernen, jedoch entmutigend und überwältigend wirken. Hier kommt dieses Buch ins Spiel – es soll Windows 11 entmystifizieren und es für Benutzer aller Erfahrungsstufen zugänglich und leicht verständlich machen.

In "Easy Windows 11 for Seniors" finden Sie klare Schritt-für-Schritt-Anleitungen, begleitet von hilfreichen Abbildungen und Screenshots, sodass Sie das Gelernte ganz einfach nachvollziehen und auf Ihrem eigenen Computer anwenden können. Von grundlegenden Aufgaben wie dem Navigieren auf dem Desktop und dem Öffnen von Programmen bis hin zu fortgeschrittenen Themen wie dem Anpassen von Einstellungen und der Sicherheit im Internet ist jedes Kapitel sorgfältig ausgearbeitet, um Ihnen das Wissen und die Sicherheit für die effektive Nutzung von Windows 11 zu vermitteln.

Im gesamten Buch konzentrieren wir uns auf die Bereitstellung praktischer Tipps und Techniken, die speziell auf die Bedürfnisse und Vorlieben von Senioren zugeschnitten sind. Egal, ob Sie große Schriftarten für eine bessere Lesbarkeit, Tastaturkürzel zur Minimierung der Mausnutzung oder Sprachbefehle für die freihändige Bedienung bevorzugen, wir erkunden eine Vielzahl von Optionen, die Ihnen dabei helfen, Windows 11 an Ihre individuellen Bedürfnisse anzupassen.

Darüber hinaus ist „Easy Windows 11 for Seniors" mehr als nur ein technisches Handbuch – es ist eine Ressource, die betont, wie wichtig es ist, Freude an der Technik zu haben und mit den Liebsten in Kontakt zu bleiben. Mit Windows 11 als Ihrem digitalen Tor entdecken Sie neue Möglichkeiten, mit Familie und Freunden zu kommunizieren, Hobbys und Interessen online zu erkunden und Ihr Leben auf unzählige Arten zu bereichern.

Wenn Sie also bereit sind, sich auf eine Reise der Entdeckung und Stärkung von Windows 11 zu begeben, lassen Sie uns gemeinsam eintauchen! Egal, ob Sie ein absoluter Anfänger oder ein erfahrener Benutzer sind, der seine Fähigkeiten auffrischen möchte, dieses Buch ist Ihre Anlaufstelle, um Windows 11 mit Leichtigkeit und Selbstvertrauen zu meistern. Machen Sie sich bereit, das volle Potenzial Ihres Computers auszuschöpfen und die Möglichkeiten des digitalen Zeitalters zu nutzen – es ist nie zu spät, Ihr Abenteuer zu beginnen!

Wechsel von Windows 10 zu Windows 11

Mit der Veröffentlichung von Windows 11 denken viele Nutzer darüber nach, von Windows 10 auf die neueste Version des Betriebssystems von Microsoft umzusteigen. Diese Änderung kann mehrere Vorteile mit sich bringen, darunter eine höhere Geschwindigkeit, verbesserte Sicherheitsfunktionen und ein moderneres Benutzererlebnis. In diesem Leitfaden führen wir Sie durch die Schritte zum Umstieg von Windows 10 auf Windows 11 und zeigen Ihnen einige der Vorteile von Windows 11 gegenüber seinem Vorgänger.

Schritt 1: Kompatibilität prüfen

Bevor Sie mit dem Aktualisierungsprozess beginnen, müssen Sie sicherstellen, dass Ihr Gerät die Systemanforderungen für Windows 11 erfüllt. Microsoft hat mit Windows 11 einige neue Hardwareanforderungen hinzugefügt, wie z. B. TPM 2.0 (Trusted Platform Module) und Secure Boot-Unterstützung. Mit dem von Microsoft angebotenen PC Health Check-Tool können Sie prüfen, ob Ihr Gerät mit Windows 11 kompatibel ist.

Schritt 2: Sichern Sie Ihre Daten
Wie bei jedem Betriebssystem-Update ist es wichtig, dass Sie Ihre wichtigen Informationen sichern, bevor Sie fortfahren. Während der Aktualisierungsvorgang im Allgemeinen Ihre Dateien und Einstellungen speichert, besteht immer die Möglichkeit, dass etwas schief geht. Sichern Sie Ihre Dokumente, Fotos, Videos und alle anderen wichtigen

Dateien unbedingt auf einem externen Speichergerät oder einem Cloud-Dienst.

Schritt 3: Laden Sie Windows 11 herunter und installieren Sie es
Sobald Sie die Kompatibilität bestätigt und Ihre Informationen gespeichert haben, können Sie mit dem Erwerb und der Installation von Windows 11 fortfahren. Microsoft bietet mehrere Möglichkeiten für den Wechsel zu Windows 11, darunter:

Windows Update: Wenn Ihr Computer für das kostenlose Update auf Windows 11 qualifiziert ist, sollten Sie über das Windows Update eine Benachrichtigung erhalten. Anschließend können Sie den Schritten auf dem Bildschirm folgen, um das Update herunterzuladen und zu installieren.

Media Creation Tool: Alternativ können Sie das von Microsoft angebotene Media Creation Tool verwenden, um

Installationsmedien für Windows 11 zu erstellen. Auf diese Weise können Sie mithilfe der Installationsdiskette ein sauberes Update von Windows 11 durchführen oder von Windows 10 wechseln.

ISO-Datei: Wenn Sie möchten, können Sie die Windows 11-ISO-Datei direkt von der Microsoft-Website herunterladen und damit Installationsmedien erstellen oder eine Neuinstallation durchführen.

Befolgen Sie die Schritte während des Download Vorgangs und wählen Sie unbedingt die Option aus, Ihre Dateien und Apps zu behalten, wenn Sie Windows 10 aktualisieren.

Schritt 4: Passen Sie Ihre Einstellungen an
Sobald das Update abgeschlossen ist, können Sie Ihre Einstellungen in Windows 11 an Ihren Geschmack

anpassen. Entdecken Sie die neuen Funktionen und Einstellungen von Windows 11, wie das aktualisierte Startmenü, die Taskleiste und bessere Multitasking-Funktionen.

Vorteile von Windows 11 gegenüber Windows 10:

Die neu gestaltete Benutzeroberfläche: Windows 11 verfügt über eine elegante und moderne Benutzeroberfläche mit abgerundeten Kanten, neuen Animationen und aktualisierten Schaltflächen und bietet im Vergleich zu Windows 10 ein ausgefeiltes und optisch ansprechendes Erlebnis.

Verbesserte Leistung: Windows 11 ist für aktuelle Systeme konzipiert und bietet eine bessere Leistung und schnellere Startzeiten als Windows 10. Das neue Betriebssystem bringt auch Verbesserungen wie Direct Storage mit sich, die die Startzeiten von Spielen und die allgemeine Systemgeschwindigkeit verbessern.

Verbesserte Produktivität Funktionen: Windows 11 bietet mehrere produktivitätsorientierte Funktionen wie Snap-Layouts und Snap-Gruppen, die das Organisieren und Arbeiten mit mehreren Fenstern erleichtern. Mit der neuen Funktion für virtuelle Desktops können Benutzer außerdem separate Bildschirme für verschiedene Aufgaben oder Projekte erstellen.

Besseres Spielerlebnis: Für Gamer bringt Windows 11 mehrere Änderungen mit sich, darunter die Unterstützung von Auto HDR, das die visuelle Qualität unterstützter Spiele verbessert, und Direct Storage, das schnellere

Ladezeiten und bessere Spiele ermöglicht.

Verbesserte Sicherheit: Windows 11 enthält mehrere Sicherheitsverbesserungen, wie z. B. einen überarbeiteten Windows Defender mit besseren Fähigkeiten zur Malware-Erkennung, hardwarebasierte Sicherheitsfunktionen wie TPM 2.0 und verbesserten Ransomware-Schutz.

Integration mit Microsoft Teams: Windows 11 verknüpft Microsoft Teams direkt mit dem Desktop und erleichtert so das Treffen und Arbeiten mit Freunden, Familie und Kollegen über Text-, Sprach- und Videoanrufe.

Kapitel eins

Erste Schritte mit Windows 11

Willkommen in der aufregenden Welt von Windows 11! In diesem Kapitel begeben wir uns auf eine Reise, um die grundlegenden Elemente des neuesten Betriebssystems von Microsoft zu erkunden. Unabhängig davon, ob Sie

neu im Umgang mit Computern sind oder von einer älteren Windows-Version wechseln, ist das Verständnis der

Grundlagen von Windows 11 für ein reibungsloses und angenehmes Computer Erlebnis unerlässlich.

Navigieren auf dem Desktop

Das Navigieren auf dem Desktop in Windows 11 ist für Senioren eine wichtige Fähigkeit, die sie erlernen müssen, da sie den Zugriff auf verschiedene Tools, Apps und Dateien ermöglicht. Hier finden Sie eine vollständige Beschreibung, wie Erwachsene in Windows 11 auf dem Bildschirm navigieren können:

Navigieren auf dem Desktop in Windows 11 für Senioren

1. Die Desktop-Umgebung verstehen: Der Desktop ist der Hauptbereich in Windows 11, in dem Sie Symbole, Links und Tools finden, die einen schnellen Zugriff auf wichtige Funktionen und Anwendungen ermöglichen. Wenn Sie Ihren Computer zum ersten Mal starten

oder sich bei Windows 11 anmelden, wird der Desktop auf Ihrem Bildschirm angezeigt.

2. Identifizieren von Desktopsymbolen und Verknüpfungen: Desktop-Symbole weisen auf Links zu Dateien, Ordnern, Apps oder Systemeinstellungen hin. Zu den gängigen Bildschirm Symbolen gehören „Dieser PC" (früher bekannt als „Arbeitsplatz"), „Papierkorb" und Links zu häufig verwendeten Apps wie Microsoft Edge oder Datei-Explorer.

3. Durch Desktopsymbole navigieren: Um ein Programm oder eine Datei zu öffnen, die durch ein Desktop-Symbol gekennzeichnet ist, doppelklicken Sie einfach mit der linken Maustaste auf das Symbol. Alternativ können Sie auch mit den Pfeiltasten Ihres Computers zur gewünschten Schaltfläche navigieren

und diese dann mit der „Enter"-Taste öffnen.

4. Interaktion mit der Taskleiste: Die Taskleiste ist eine horizontale Leiste am unteren Bildschirmrand, die schnellen Zugriff auf häufig verwendete Apps, Systemsymbole und die Schaltfläche „Start" ermöglicht. Sie können die Taskleiste mit dem Mauszeiger oder den Tastatur-Werkzeugen verschieben.

Um ein zur Taskleiste hinzugefügtes Programm zu öffnen, klicken Sie mit der linken Maustaste auf das entsprechende Symbol. Öffnen Sie mit der Windows-Taste auf Ihrem Computer das Startmenü und bewegen Sie sich dann mit den Pfeiltasten durch das Menü, um Apps auszuwählen und zu öffnen.

5. Erkunden des Startmenüs: Der Startbildschirm ist ein Hauptpunkt zum Abrufen von Apps, Einstellungen, Dateien und mehr in Windows 11. Um das Startmenü zu öffnen, klicken Sie auf die Windows-Schaltfläche unten im linken Bereich des Bildschirms oder drücken Sie die Windows-Taste auf Ihrem Computer. Verwenden Sie die Pfeiltasten auf Ihrem Computer, um durch die Startmenüoptionen zu navigieren, einschließlich gespeicherter Apps, neu hinzugefügter Apps und vorgeschlagener Inhalte. Drücken Sie die „Enter"-Taste, um eine ausgewählte App oder ein ausgewähltes Element aus dem Startmenü zu öffnen.

6. Verwendung von Widgets für den Schnellzugriff: Widgets sind anpassbare Minianwendungen, die Informationen auf einen Blick und schnellen Zugriff auf wichtige Funktionen wie Wetterberichte, Nachrichten, Aktualisierungen und die Planung von Ereignissen bieten. Um

Widgets anzuzeigen, klicken Sie auf die Schaltfläche „Widgets" in der Taskleiste oder drücken Sie die Windows-Taste + W auf Ihrem Computer. Navigieren Sie mit den Pfeiltasten durch das Widgets-Panel und wählen Sie das Tool aus, mit dem Sie arbeiten möchten. Drücken Sie die „Enter"-Taste, um ein ausgewähltes Fenster zu öffnen und weitere Informationen anzuzeigen oder mit dessen Inhalt zu interagieren.

7. Anpassen des Desktops: Senioren können ihren Bildschirm an ihren Geschmack anpassen und ihn optisch ansprechender und zugänglicher gestalten. Klicken Sie mit der rechten Maustaste auf einen leeren Bereich des Desktops, um auf Optionen zum Ändern des Desktop-Designs, der Bildschirmgröße und der Anzeigeeinstellungen zuzugreifen. Wählen Sie „Personalisieren" aus dem Kontextmenü, um auf Einstellungen zum Ändern des Bildschirmhintergrundes,

der Schriftarten, Farben und mehr zuzugreifen. Verwenden Sie die Pfeiltasten oder die Maussteuerung, um durch die benutzerdefinierten Einstellungen zu navigieren und bei Bedarf Änderungen vorzunehmen. Durch das Erlernen dieser Methoden können Senioren problemlos auf dem Desktop in Windows 11 navigieren und wichtige Tools und Apps einfach und effizient abrufen.

Das Verständnis der Grundlagen von Windows 11 ist für Benutzer aller Erfahrungsstufen von entscheidender Bedeutung. Wenn Sie die grundlegenden Elemente des Betriebssystems beherrschen, sind Sie besser in der Lage, durch seine Funktionen zu navigieren, Ihren Desktop zu personalisieren und Ihre Dateien effektiv zu organisieren. Unabhängig davon, ob Sie Windows 11 zum Arbeiten, zur Unterhaltung oder zur Kommunikation verwenden, wird ein solides Verständnis der Grundprinzipien Ihr gesamtes Computer Erlebnis verbessern.

Was kommt als nächstes:

In den folgenden Kapiteln gehen wir tiefer auf die verschiedenen Aspekte von Windows 11 ein, darunter Anpassungsoptionen, Produktivitätstools und Sicherheitsfunktionen. Machen Sie sich bereit, das volle Potenzial Ihres Computers auszuschöpfen und neue Möglichkeiten zu entdecken, um im digitalen Zeitalter verbunden, produktiv und unterhalten zu bleiben.

Kapitel Zwei

Personalisieren Sie Ihren Desktop-Hintergrund

Änderungen an Ihrem Windows 11-Desktop-Hintergrund sind eine unterhaltsame Möglichkeit, Ihrem Computer das Gefühl zu geben, zu Hause zu sein und ihm eine persönliche Note zu verleihen. Sie können ein Lieblingsbild als Hintergrund verwenden oder eines der integrierten Hintergrundbilder in Windows 11 auswählen.

Schritt 1: Gehen Sie zu den Einstellungen zur Personalisierung
Um Ihr Desktop-Bild einzigartig zu machen, klicken Sie mit der rechten Maustaste auf eine leere Stelle auf Ihrem Desktop. In der Umgebung wird

eine Auswahl angezeigt. „Personalisieren" finden Sie auf der Seite. Sie können auch auf die Schaltfläche „Start" klicken und dann das Zahnrad Symbol für „Einstellungen" auswählen, um zu den benutzerdefinierten Einstellungen zu gelangen. Wählen Sie im Fenster „Einstellungen" im linken Menü „Personalisierung" aus.

Schritt 2: Wählen Sie ein Hintergrundbild aus

Sobald Sie sich in den Personalisierungs-Einstellungen befinden, klicken Sie im linken Menü auf „Hintergrund". Hier sehen Sie verschiedene Möglichkeiten zur Auswahl Ihres Bildschirmhintergrundes. Sie können aus einer Sammlung vorinstallierter Hintergründe von Windows 11 auswählen oder Ihr eigenes, einzigartiges Bild verwenden. Um ein integriertes Bild auszuwählen, klicken Sie einfach auf das gewünschte

Bild und es wird automatisch als Hintergrund festgelegt.

Schritt 3: Benutzerdefiniertes Hintergrundbild festlegen
Wenn Sie Ihr eigenes Foto als Bildschirmhintergrund verwenden möchten, klicken Sie im Bereich „Wählen Sie Ihr Bild" auf die Schaltfläche „Durchsuchen". Dadurch können Sie zu dem Ort auf Ihrem Computer gelangen, an dem das ausgewählte Bild gespeichert ist. Wenn Sie das Bild ausgewählt haben, klicken Sie auf „Bild auswählen", um es als Bildschirmhintergrund festzulegen.

Schritt 4: Hintergrund Einstellungen anpassen
Mit Windows 11 können Sie auch die Darstellung Ihres Hintergrunds ändern. Sie können das Bild an Ihren Bildschirm anpassen, es strecken, kacheln oder den Bildschirm ausfüllen und dabei das Seitenverhältnis beibehalten. Darüber

hinaus können Sie mehrere Fotos auswählen, um einen Film zu erstellen, und das Bild zu bestimmten Zeiten ändern.

Schritt 5: Anwenden der Änderungen
Nachdem Sie Ihr bevorzugtes Hintergrundbild ausgewählt und die Einstellungen nach Ihren Wünschen geändert haben, schließen Sie einfach das Fenster mit den Personalisierungs-Einstellungen. Ihre Änderungen werden sofort übernommen und Ihr neuer Desktop-Hintergrund wird auf Ihrem Bildschirm angezeigt.

Zusätzliche Tipps für Senioren:
Wenn Sie Schwierigkeiten haben, das richtige Bild für Ihren Hintergrund zu finden, bitten Sie ein Familienmitglied oder einen Freund, Ihnen bei der Auswahl zu helfen. Experimentieren Sie mit verschiedenen Hintergrundbildern und Einstellungen, bis Sie die

Kombination gefunden haben, die am besten zu Ihnen passt.

Scheuen Sie sich nicht, Ihren Desktop-Hintergrund regelmäßig zu ändern, damit Ihr Computer Erlebnis neu und unterhaltsam bleibt.

Anpassen der Anzeigeeinstellungen für bessere Sichtbarkeit

Das Anpassen der Anzeigeeinstellungen in Windows 11 zur Verbesserung der Sehkraft, insbesondere für Senioren, kann ihr Computer Erlebnis erheblich verbessern. Hier finden Sie eine Schritt-für-Schritt-Anleitung zum Ändern dieser Einstellungen:

Zugriff auf die Anzeigeeinstellungen:
Klicken Sie auf die Schaltfläche „Start" (Windows-Zeichen) in der unteren linken Ecke des Bildschirms.
Wählen Sie im Startmenü die Schaltfläche „Einstellungen" (Zahnrad förmig), um die App „Einstellungen" zu öffnen.

Navigieren Sie zu den Anzeigeeinstellungen:
Klicken Sie in der App „Einstellungen" auf die Option „System".
Wählen Sie in der linken Spalte „Anzeige" aus.

Anpassen der Textgröße:
Unter dem Teil „Skalierung und Layout" finden Sie ein Tool namens „Ändern der Größe von Text, Apps und anderen Elementen".
Erhöhen Sie den Maßstab, um Schrift und andere Funktionen größer darzustellen. Dadurch wird alles auf dem Computer leicht lesbar.

Auflösung anpassen:
Unterhalb der Textgröße Steuerung sehen Sie den Teil „Anzeigeauflösung".
Klicken Sie auf das Dropdown-Menü, um eine kleinere Größe auszuwählen, wenn die aktuelle Größe Teile zu klein macht. Kleinere Größen lassen Teile möglicherweise größer erscheinen, beeinträchtigen jedoch möglicherweise die Klarheit von Bildern und Text.

Hoch Kontrastmodus:
Scrollen Sie in den Anzeigeeinstellungen nach unten, um den Teil „Hoher Kontrastmodus" zu finden.
Aktivieren Sie den „Hoher Kontrast-Modus", um dies zuzulassen. Dieser Modus ändert die Farben, um den Kontrast zu verbessern, sodass Schrift und Bilder für Menschen mit Augenproblemen leichter zu unterscheiden sind.

Cursor- und Zeigereinstellungen:

Klicken Sie in den Anzeigeeinstellungen im Bereich „Mehrere Anzeigen" auf „Erweiterte Anzeigeeinstellungen". Hier können Sie die Maus- und Zeigergröße ändern. Erhöhen Sie die Skala, um den Zeiger größer und deutlicher zu machen.

Nachtlicht:
Nachtlicht verringert die Blau-Lichtabgabe, was dazu beitragen kann, Augenschmerzen zu lindern, insbesondere bei nächtlicher Verwendung des Computers. Klicken Sie in den Anzeigeoptionen im linken Reiter auf „Nachtlicht". Schalten Sie „Nachtlicht" ein, um es zuzulassen, und ändern Sie die Stärke und Zeit je nach Geschmack.

Kontrast und Helligkeit anpassen:
Einige Monitore bieten integrierte Einstellungen zum Ändern von Farbe und Helligkeit. Senioren bevorzugen möglicherweise einen stärkeren

Kontrast, um Wörter und Bilder stärker hervorzuheben.

Wenn Ihr Monitor über echte Tasten zum Ändern verfügt, können Sie diese verwenden, um den Kontrast und die Helligkeit zu verbessern.

Vergrößerungswerkzeug:
Windows bietet außerdem ein integriertes Vergrößerungs- Tool zum Vergrößern von Teilen des Bildschirms.
Drücken Sie gleichzeitig die Windows-Taste und die Plustaste (+), um die Lupe zu öffnen. Verwenden Sie die Plus- und Minus-Tasten, um die Zoomstufe zu ändern.

Barrierefreiheit Funktionen:
Windows 11 bietet verschiedene Eingabehilfen wie Narrator (Screenreader), Spracherkennung und Augensteuerung, die Erwachsenen mit Problemen weiterhelfen können.

Themen und Farben ändern:

Öffnen Sie die Einstellungen: Klicken Sie unten links auf dem Bildschirm auf die Windows-Schaltfläche.

Wählen Sie die Zahnrad-Schaltfläche mit dem Titel „Einstellungen", um die Einstellungen-App zu öffnen.

Auf die Personalisierung Einstellungen zugreifen:
Wählen Sie in der Einstellungen-App den Bereich „Personalisierung" aus.

Wähle ein Thema:
Klicken Sie unter den Optionen „Personalisierung" im linken Menü auf „Themen".
Sie sehen eine Liste möglicher Themen. Klicken Sie auf ein Thema, um es zu erkunden.

Farben anpassen:

Navigieren Sie in den Personalisierungs-Einstellungen zur Registerkarte Farben. Hier können Sie zwischen Hell- und Dunkel-Modus wählen und Akzentfarben anpassen. Sie können auch „Automatisch eine Akzentfarbe aus meinem Hintergrund auswählen" auswählen, um eine wechselnde Akzentfarbe zu erhalten.

Erweiterte Einstellungen anpassen (optional):
Für weitere Anpassungsmöglichkeiten probieren Sie die Registerkarten „Hintergründe", „Sperrbildschirm" und „Start" unter „Personalisierung" aus.

Barrierefreiheit Optionen einrichten :

Einstellungen öffnen:

Befolgen Sie die zuvor beschriebenen Schritte, um die App „Einstellungen" zu öffnen.

Zugriff auf Barrierefreiheit Einstellungen:
Wählen Sie in der App „Einstellungen" den Bereich „Barrierefreiheit" aus.

Entdecken Sie die verfügbaren Optionen:
Windows 11 bietet verschiedene Behinderten-Tools wie Lupe, hoher Kontrast, Erzähler, Spracherkennung usw.
Klicken Sie auf jede Option, um mehr zu erfahren und die Einstellungen nach Bedarf anzupassen.
Um beispielsweise die Lupe zu aktivieren, klicken Sie auf „Lupe" und stellen den Schalter auf „Ein". Passen Sie die Einstellungen je nach Geschmack an.

Verwenden Sie benutzerfreundliche Tastaturkürzel:
Drücken Sie die Windows-Logo-Taste + Strg + „+", um hineinzukommen, und die Windows-Logo-Taste + Strg + „-", um heranzoomen.

Verwalten von Dateien und Ordnern:
Öffnen Sie den Datei-Explorer:
Klicken Sie auf das Ordnersymbol in der Taskleiste oder drücken Sie die Windows-Logo-Taste + E, um den Datei-Explorer zu öffnen.

Durch Ordner navigieren:
Verwenden Sie die Symbolleiste auf der linken Seite, um zu verschiedenen Dateien wie Dokumenten, Downloads, Bildern usw. zu wechseln.

Dateien organisieren:
Um einen neuen Ordner zu erstellen, klicken Sie mit der rechten Maustaste auf die ausgewählte Stelle, wählen Sie „Neu" und dann „Ordner". Benennen Sie

den Bereich richtig. Um Dinge zu verschieben, klicken Sie darauf und ziehen Sie sie an die gewünschte Stelle. Um Dateien zu löschen, wählen Sie die Datei(en) aus und drücken Sie die Entf-Taste.

Nach Dateien suchen:
Verwenden Sie die Suchleiste oben rechts im Datei-Explorer, um Dateien und Ordner schnell zu finden.

Ansichtseinstellungen anpassen:
Klicken Sie im Datei-Explorer auf die Registerkarte „Ansicht", um Einstellungen wie Symbolgröße, Sortieroptionen und Anzeige der Vorschauleiste zu ändern.

Wichtige Dateien sichern:
Erwägen Sie die Einrichtung regelmäßiger Sicherungen mithilfe von Windows Backup oder die Nutzung von Cloud-Speicherdiensten wie OneDrive für zusätzliche Sicherheit.

Kapitel drei: Den Datei-Explorer verstehen

Der Datei-Explorer ist ein wichtiges Tool in Windows 11, mit dem Benutzer Dateien und Ordner auf ihrem Computer organisieren, steuern und darauf zugreifen können. Für Erwachsene, die möglicherweise neu im Umgang mit Computern sind oder eine einfachere Beschreibung benötigen, kann die Kenntnis der Verwendung des Datei-Explorers ihre Arbeitserfahrung erheblich verbessern. Hier ist ein vollständiger Leitfaden für Senioren:

Navigieren im Datei-Explorer:

Öffnen Sie den Datei-Explorer, indem Sie auf die entsprechende Schaltfläche in der Taskleiste klicken oder die Tasten Win + E drücken. Im linken Bereich werden Schnellzugriff Dateien wie Desktop, Downloads, Dokumente, Bilder usw. angezeigt. Sie können auf eine dieser Dateien klicken, um schnell zu diesen Orten zu gelangen.

Das Hauptfenster zeigt die Elemente des ausgewählten Ordners. Sie können durch Dateien und Ordner scrollen, um das Gesuchte zu finden.

Dateien und Ordner organisieren:
Um einen neuen Ordner zu erstellen, klicken Sie mit der rechten Maustaste in das Hauptfenster, wählen Sie „Neu" und dann „Ordner". Geben Sie Ihrem Ordner einen Namen und drücken Sie die Eingabetaste. Um Dateien oder Ordner zu verschieben, ziehen Sie sie einfach per Drag & Drop von einem Ort zum anderen. Sie können auch die

Werkzeuge Ausschneiden (Strg + X) und Einfügen (Strg + V) verwenden.

Um eine Datei oder einen Ordner umzubenennen, klicken Sie mit der rechten Maustaste darauf, wählen Sie „Umbenennen", geben Sie den neuen Namen ein und drücken Sie die Eingabetaste.

Dateien und Ordner löschen:
Um eine Datei oder einen Ordner zu löschen, klicken Sie mit der rechten Maustaste darauf und wählen Sie „Löschen". Alternativ können Sie die Entf-Taste drücken, nachdem Sie die Datei oder den Ordner ausgewählt haben. Windows wird vor dem vollständigen Löschen des Dings um Erlaubnis bitten. Klicken Sie zur Bestätigung auf „Ja".

Mit der Suche Dateien schnell finden:
Der Datei-Explorer verfügt über eine leistungsstarke Suchfunktion, mit der Sie Dinge schnell finden können.

Klicken Sie einfach auf das Suchfeld in der oberen rechten Ecke und geben Sie den Namen der gesuchten Datei ein. Während Sie tippen, zeigt der Datei-Explorer ähnliche Dateien und Ordner an. Sie können auf das entsprechende Ergebnis klicken, um es zu öffnen.

Arbeiten mit Anwendungen:
Sie können geladene Apps einfach über den Datei-Explorer erreichen. Navigieren Sie im linken Bereich zu „Dieser PC" und öffnen Sie dann den „Lokalen Datenträger (C:)" oder das Laufwerk, auf dem Sie Ihre Apps geladen haben. Suchen Sie nach dem Ordner „Programme" oder „Programme (x86)". Hier werden die meisten Apps gespeichert. Doppelklicken Sie auf den Ordner, der dem Programm entspricht, das Sie verwenden möchten. Suchen Sie dann die Hauptdatei der Anwendung (normalerweise endet sie mit .exe) und

doppelklicken Sie darauf, um sie zu starten.

Kapitel 4: Programme installieren und deinstallieren

Programme installieren:
Laden Sie die Installationsdatei für das ausgewählte Programm von einer vertrauenswürdigen Quelle herunter oder legen Sie die Installations-CD/DVD in Ihren Computer ein. Doppelklicken Sie auf die Installationsdatei. Dies hat normalerweise die Endung .exe. Befolgen Sie während des Installationsvorgangs die Anweisungen auf dem Bildschirm. Normalerweise müssen Sie den Allgemeinen Geschäftsbedingungen zustimmen, den Download-Bereich auswählen und alle weiteren Optionen auswählen. Sobald die Anwendung abgeschlossen ist, finden Sie den Link zum Programm

möglicherweise auf dem Desktop oder im Startmenü.

Programme deinstallieren:
Öffnen Sie die Einstellungen, indem Sie auf die Schaltfläche „Start" tippen und das Zahnradsymbol auswählen oder indem Sie Win + I drücken.
Klicken Sie im Menü „Einstellungen" auf „Apps".
Scrollen Sie durch die Liste der geladenen Apps und suchen Sie die App, die Sie entfernen möchten.
Klicken Sie auf die App und dann auf die angezeigte Schaltfläche „Deinstallieren".
Befolgen Sie die Anweisungen auf dem Bildschirm, um den Entfernungs Vorgang abzuschließen.

Starten von Anwendungen über das Startmenü:
Verwenden des Startmenüs: Klicken Sie auf die Schaltfläche „Start" in der unteren linken Ecke des Bildschirms

oder drücken Sie die Windows-Taste auf Ihrem Computer. Das Startmenü wird angezeigt und präsentiert eine Liste häufig verwendeter und kürzlich hinzugefügter Apps. Scrollen Sie durch die Liste, um das Programm zu finden, das Sie starten möchten, und klicken Sie dann darauf, um es zu öffnen.

Verwalten geöffneter Fenster und Anwendungen:

Zwischen Anwendungen wechseln:
Um zwischen geöffneten Apps zu wechseln, können Sie den Computertrick Alt + Tab verwenden. Halten Sie die Alt-Taste gedrückt und drücken Sie häufig die Tab-Taste, um durch geöffnete Fenster zu navigieren. Alternativ können Sie die Schaltfläche „Aufgabenansicht" auf dem Desktop verwenden, um alle geöffneten Fenster anzuzeigen und zwischen ihnen zu wechseln.

Bewerbungsschluss:

Um eine Anwendung zu schließen, klicken Sie auf die Schaltfläche „X" oben rechts im Anwendungsfenster. Alternativ können Sie auch die Tastenkombination Alt + F4 verwenden.

Verknüpfungen für den Schnellzugriff erstellen:

Desktop-Verknüpfungen erstellen: Klicken Sie mit der rechten Maustaste auf die Schaltfläche der Anwendung im Startmenü. Wählen Sie „Mehr" und dann „Dateispeicherort öffnen". Klicken Sie mit der rechten Maustaste auf den Link der Anwendung im sich öffnenden Datei-Explorer-Fenster. Wählen Sie „Senden an" und dann „Desktop (Verknüpfung erstellen)".

Internet- und E-Mail-Grundlagen:

Im Internet surfen:

Öffnen Sie Ihren bevorzugten Online-Browser, indem Sie auf die

entsprechende Schaltfläche auf dem Desktop oder im Startmenü klicken. Geben Sie die Website-Adresse (URL) in die Adressleiste oben im Computer Fenster ein und drücken Sie die Eingabetaste.
Klicken Sie mit der Maus oder dem Tablet auf Links und durchsuchen Sie Webseiten.

E-Mail-Grundlagen:
Öffnen Sie Ihr E-Mail-Programm (z. B. Mail oder Outlook), indem Sie auf die entsprechende Schaltfläche in der Taskleiste oder im Startmenü klicken.

Melden Sie sich mit Ihrer

E-Mail-Adresse und Ihrem Passwort bei Ihrem E-Mail-Konto an. Um eine neue E-Mail zu schreiben, klicken Sie auf die Schaltfläche „Verfassen" oder „Neue E-Mail" und geben Sie die E-Mail-Adresse, den Titel und die Nachricht des Empfängers ein. Klicken Sie auf die Schaltfläche „Senden", um die E-Mail zu versenden. Diese Schritte bieten Erwachsenen eine ausführliche Anleitung zum Herunterladen und Entfernen von Programmen, zum Starten von Anwendungen, zum Steuern geöffneter Fenster, zum Erstellen von Favoriten und zur Verwendung grundlegender Internet- und E-Mail-Funktionen in Windows 11. Das tägliche Üben dieser Aufgaben wird Senioren dabei helfen, sich im Umgang mit ihnen wohler und kompetenter zu fühlen, Computer aus verschiedenen Gründen.

Kapitel fünf: Surfen im Internet mit Microsoft Edge: Öffnen von Microsoft Edge

Klicken Sie auf die Microsoft Edge-Schaltfläche auf Ihrem Bildschirm oder im Menü, um den Browser zu starten.

Navigieren zu Websites:
Geben Sie die URL der Website, die Sie besuchen möchten, in die Adressleiste oben ein und drücken Sie die Eingabetaste. Sie können auch eine Suchmaschine wie Bing oder Google verwenden, indem Sie Ihre Suchanfrage direkt in die Adressleiste eingeben und die Eingabetaste drücken.

Registerkarten und mehrere Fenster:
Um einen neuen Tab zu öffnen, klicken Sie auf die Schaltfläche „+" neben dem

vorhandenen Tab oder drücken Sie Strg + T. Um einen Link in einem neuen Tab zu öffnen, klicken Sie mit der rechten Maustaste auf den Link und wählen Sie „Link in neuem Tab öffnen". Um zwischen den Registerkarten zu wechseln, klicken Sie auf die Registerkarte, die Sie anzeigen möchten.

Lesezeichen für Lieblingsseiten setzen:
Klicken Sie auf das Sternsymbol in der Adressleiste, um eine Seite mit einem Lesezeichen zu versehen. Um auf Ihre Favoriten zuzugreifen, klicken Sie auf die drei Punkte in der oberen rechten Ecke, wählen Sie dann „Favoriten" und wählen Sie die gespeicherte Webseite aus, die Sie besuchen möchten.

Anpassen der Einstellungen:
Klicken Sie auf die drei Punkte in der oberen rechten Ecke und wählen Sie „Einstellungen", um Ihr Browser-Erlebnis

anzupassen. Hier können Sie verschiedene Einstellungen wie die bevorzugte Suchmaschine, Datenschutz und Aussehen ändern.

Effektiv im Internet suchen:

Nutzung von Suchmaschinen:
Geben Sie Ihre Frage in die Suchleiste der Suchmaschine ein und drücken Sie die Eingabetaste.
Verwenden Sie bestimmte Begriffe, um Ihre Suche einzugrenzen und passende Ergebnisse zu erhalten.

Ergebnisse filtern:
Verwenden Sie nach der Suche Optionen wie Datum, Typ oder Ort, um die Ergebnisse einzugrenzen und das Gesuchte schneller zu finden.

Auswertung von Quellen:
Seien Sie vorsichtig bei Fehlinformationen. Überprüfen Sie

immer die Glaubwürdigkeit der Website, bevor Sie den Informationen vertrauen. Halten Sie sich an seriöse Quellen wie Regierungswebsites, akademische Einrichtungen oder bekannte Nachrichtenagenturen.

E-Mails mit der Mail-App senden und empfangen:
Öffnen der Mail-App:
Klicken Sie auf das Mail-App-Symbol auf Ihrem Desktop oder in der Taskleiste, um die App zu öffnen.

E-Mail-Konto einrichten:
Wenn Sie noch kein E-Mail-Konto eingerichtet haben, klicken Sie auf „Konto hinzufügen" und folgen Sie den Anweisungen, um Ihre E-Mail-Adresse und Ihr Passwort hinzuzufügen.

Eine E-Mail verfassen:
Klicken Sie auf „Neue E-Mail", um eine neue E-Mail zu verfassen. Geben Sie

die E-Mail-Adresse, den Betreff und den Text der E-Mail des Empfängers ein.
Klicken Sie auf „Senden", wenn Sie bereit sind, die E-Mail zu senden.

E-Mails lesen und beantworten:
Klicken Sie auf eine E-Mail, um deren Inhalt zu lesen.
Um zu antworten, klicken Sie auf „Antworten" oder „Alle antworten", wenn Sie allen Empfängern antworten möchten.

E-Mails verwalten:
Verwenden Sie Ordner, um Ihre E-Mails zu organisieren. Sie können Ordner für verschiedene Kategorien wie „Privat", „Arbeit" oder „Einkaufen" erstellen. Archivieren oder löschen Sie E-Mails, die Sie nicht mehr benötigen, um Ihren Posteingang aufgeräumt zu halten.
Online sicher bleiben: Tipps und Best Practices:

Halten Sie die Software auf dem neuesten Stand:
Stellen Sie sicher, dass Ihr Windows 11-Betriebssystem, Ihre Websites und Sicherheitstools auf dem neuesten Stand sind, um sich vor Fehlern zu schützen.

Verwenden Sie sichere Passwörter:
Erstellen Sie einzigartige und komplizierte Passwörter für Ihre Online-Konten und erwägen Sie die Verwendung eines Passwort-Managers, um diese sicher zu speichern.

Vorsicht vor Phishing-Versuchen:

Seien Sie vorsichtig bei E-Mails oder SMS von unbekannten Absendern, in denen Sie nach persönlichen Informationen fragen oder dringende Maßnahmen fordern. Hierbei könnte es sich um Betrugsversuche handeln, die versuchen, Ihre Daten zu stehlen.

Aktivieren Sie die Zwei-Faktor-Authentifizierung (2FA):
Erlauben Sie nach Möglichkeit 2FA für Ihre Bankkonten, um eine zusätzliche Sicherheitsebene hinzuzufügen.

Verwenden Sie sichere Verbindungen:
Achten Sie beim Aufrufen von Websites auf das Vorhängeschloss-Zeichen und „https://" in der Adressleiste, um sicherzustellen, dass Sie einen sicheren Link verwenden.

Mit Kontakten in Verbindung bleiben: Per E-Mail:
Nutzen Sie die Mail-App, um mit Freunden und Familie in Kontakt zu bleiben, indem Sie Briefe teilen und empfangen.

Sozialen Medien:
Erwägen Sie den Beitritt zu Social-Media-Seiten wie Facebook oder Twitter, um sich mit Freunden, Familie und Interessengruppen zu treffen.

Videoanruf:
Nutzen Sie Video-Chat-Apps wie Skype oder Zoom, um persönliche Gespräche mit Ihren Lieben zu führen, insbesondere wenn diese weit entfernt sind.

Online-Gruppen und Communities:
Treten Sie Online-Gruppen oder Clubs bei, die Ihren Interessen oder Hobbys entsprechen, um Gleichgesinnte zu treffen.

Regelmäßige Kommunikation:
Machen Sie es sich zur Gewohnheit, regelmäßig per E-Mail, Telefonanruf oder Video-Chat mit Ihren Freunden Kontakt aufzunehmen, um eine starke Beziehung aufrechtzuerhalten.

Kapitel sechs

Kontakte hinzufügen und verwalten:

Öffnen Sie die Personen-App: Klicken Sie in der Taskleiste auf die Schaltfläche „Start" (Windows-Symbol) und wählen Sie dann „Personen" aus der App-Liste aus.

Einen neuen Kontakt hinzufügen: Klicken Sie in der Personen-App auf die Schaltfläche „+", um einen neuen Kontakt hinzuzufügen. Geben Sie Informationen wie Name, E-Mail, Telefonnummer usw. ein.

Vorhandene Kontakte ändern: Um einen vorhandenen Kontakt zu ändern, klicken Sie auf den Namen des Kontakts und wählen Sie dann die Option „Bearbeiten". Nehmen Sie bei Bedarf Änderungen vor und speichern Sie.

Videoanrufe mit Skype tätigen:
Skype installieren: Wenn Skype noch nicht geladen ist, können Sie es aus

dem Microsoft Store herunterladen. Öffnen Sie die Store-App, suchen Sie nach Skype und klicken Sie auf „Installieren".

Anmelden: Öffnen Sie Skype und melden Sie sich mit Ihrem Microsoft-Konto an. Wenn Sie nichts haben, können Sie es machen.

Einen Kontakt suchen: Klicken Sie auf die Registerkarte „Kontakte" und wählen Sie dann die Person aus, die Sie anrufen möchten. Starten Sie einen Videoanruf: Klicken Sie auf die Videokamera-Schaltfläche, um einen Videoanruf mit dem ausgewählten Freund zu starten.

Senden von Sofortnachrichten mit Microsoft Teams:

Installieren Sie Microsoft Teams: Wenn Microsoft Teams noch nicht geladen ist, können Sie es aus dem Microsoft Store herunterladen.

Anmelden: Öffnen Sie Teams und melden Sie sich mit Ihrem Microsoft-Konto an.

Suchen Sie einen Kontakt: Klicken Sie auf die Registerkarte „Chat" und wählen Sie dann die Person aus, die Sie schreiben möchten.

Senden Sie eine Nachricht: Geben Sie Ihre Nachricht in das Suchfeld unten ein und drücken Sie zum Senden die Eingabetaste.

Kontakte geräteübergreifend synchronisieren:

Verwenden eines Microsoft-Kontos: Stellen Sie sicher, dass Sie auf allen Ihren Geräten (PC, Smartphone, Tablet) bei demselben Microsoft-Konto angemeldet sind. Auf einem Gerät hinzugefügte oder geänderte Kontakte sollten sofort mit anderen synchronisiert werden.

Überprüfen Sie die Synchronisierungseinstellungen:

Gehen Sie zu Einstellungen -> Konten > Ihre Informationen und stellen Sie sicher, dass „Synchronisierungseinstellungen" aktiviert ist. Das bedeutet, dass Kontakte geräteübergreifend geteilt werden.

Fotos und Videos verwalten:
Öffnen Sie die Fotos-App: Klicken Sie auf die Schaltfläche „Start" und wählen Sie dann „Fotos" aus der App-Liste aus.

Fotos und Videos importieren: Um Fotos und Videos von Ihrer Kamera oder Ihrem Telefon zu importieren, verbinden Sie das Gerät mit Ihrem PC. Die Fotos-App sollten Sie sofort erkennen und zum Import auffordern.
Bilder bestellen: Verwenden Sie das Album-Tool, um Ihre Bilder in Gruppen zu ordnen. Klicken Sie auf die Registerkarte „Alben" und wählen Sie „Neues Album erstellen", um mit dem Arrangieren zu beginnen.

Fotos und Videos bearbeiten: Klicken Sie auf ein Foto oder Video, um es anzusehen, und klicken Sie dann auf die Schaltfläche „Bearbeiten und Erstellen", um auf Bearbeitungswerkzeuge wie Zuschneiden, Drehen, Verbessern usw. zuzugreifen.

Fotos und Videos teilen: Wählen Sie das Foto oder Video aus, das Sie teilen möchten, und klicken Sie dann oben auf die Schaltfläche „Teilen". Wählen Sie aus, wie Sie es teilen möchten (E-Mail, soziale Medien usw.).

Kapitel sieben

In diesem Kapitel finden Sie eine Schritt-für-Schritt-Anleitung zum Anzeigen und Organisieren Ihrer Fotos, zum Bearbeiten und Verbessern von Bildern mit der Foto-App, zum Ansehen von Videos mit der Film- und TV-App sowie zum Übertragen von Fotos und Videos von Geräten, die speziell und sorgfältig für Sie, mein geschätzter Leser, erstellt wurden.

Die Verwendung von Windows 11 für die Bild- und Videoverwaltung, -bearbeitung und den Spaß kann selbst für Erwachsene, die mit Technik vielleicht nicht so vertraut sind, ein reibungsloses Erlebnis sein. Hier finden Sie eine vollständige Anleitung zum Anzeigen und Organisieren von Bildern, zum Bearbeiten und Verbessern von Bildern, zum Ansehen von Videos, zum Verschieben von Medien von Geräten und zum Erkunden von Unterhaltungs Optionen mit Windows 11, die speziell für Senioren entwickelt wurde:

Fotos anzeigen und organisieren:
Fotos-App öffnen: Suchen Sie zunächst die Fotos-App in Ihrem Startmenü oder suchen Sie danach die Suchleiste danach. Klicken Sie auf die App, um sie zu öffnen.

Bilder ansehen: Sobald die App geöffnet ist, sehen Sie alle Ihre Bilder nach Datum sortiert. Sie können durch sie scrollen, um diejenigen zu finden, die Sie lesen möchten.

Bilder organisieren: Um Ihre Bilder zu organisieren, können Sie Ordner erstellen. Klicken Sie oben rechts auf die drei Punkte (...) und wählen Sie „Alben". Klicken Sie dann auf „Neues Album" und geben Sie ihm einen Namen. Sie können dem Buch dann Bilder hinzufügen, indem Sie sie auswählen und „Hinzufügen zu" > den Namen Ihres Albums wählen.

Bilder bearbeiten und verbessern:
Bearbeiten von Fotos: Öffnen Sie das Bild, das Sie ändern möchten, und klicken Sie oben auf die Schaltfläche „Bearbeiten & Erstellen". Hier können Sie Ihr Bild zuschneiden, verschieben, Farbe und Kontrast ändern sowie Effekte hinzufügen, um es zu verbessern.

Verbessern von Bildern: Für eine detaillierte Bearbeitung können Sie die Option „Anpassen" verwenden, um Einstellungen wie Helligkeit, Farbe und Klarheit zu verfeinern. Experimentieren Sie mit diesen Tools, um Ihre Bilder zu verbessern.

Ansehen von Videos: Öffnen der App Filme & TV: Suchen Sie die App Filme & TV in Ihrem Startmenü oder suchen Sie mithilfe der Suchleiste danach. Klicken Sie auf die App, um sie zu öffnen.

Videos ansehen: Sobald die App geöffnet ist, können Sie Ihre Video Bibliothek durchsuchen oder neue Filme und Fernsehsendungen im Microsoft Store kaufen/ausleihen. Klicken Sie einfach auf den Film, den Sie ansehen möchten, und klicken Sie auf die Wiedergabetaste.

Übertragen von Fotos und Videos von Geräten:

Anschließen von Geräten: Um Bilder und Filme von Ihrer Kamera oder Ihrem Smartphone zu übertragen, verbinden

Sie das Gerät über ein USB-Kabel oder über Bluetooth mit Ihrem Computer.

Medien importieren: Windows 11 sollte Ihr Gerät sofort erkennen und Sie auffordern, Bilder und Filme zu importieren. Befolgen Sie die Anweisungen auf dem Bildschirm, um den Importvorgang abzuschließen.

Unterhaltungsmöglichkeiten erkunden:

Microsoft Store: Entdecken Sie den Microsoft Store und finden Sie eine Reihe von Unterhaltungs Angeboten, darunter Filme, Fernsehsendungen, Musik und Spiele. Sie können verschiedene Gruppen durchsuchen oder die Suchleiste verwenden, um bestimmtes Material zu finden.

Streaming-Dienste: Windows 11 ermöglicht bekannte Streaming-Dienste wie Netflix, Hulu und Disney. Laden Sie die verschiedenen Apps aus dem Microsoft Store herunter und melden Sie sich an, um Ihre Lieblingssendungen und -filme anzusehen.

Xbox Game Pass: Wenn Sie an Spielen interessiert sind, versuchen Sie, den Xbox Game Pass zu abonnieren. Dieser Dienst bietet eine Auswahl von über 100 hochwertigen Spielen, die Sie herunterladen und auf Ihrem PC spielen können.

Tipps für Senioren:
Barrierefreiheit Funktionen: Nutzen Sie die Behinderten Funktionen von Windows 11 wie Lupe, Ansage und Modus für hohen Kontrast, um das Surfen zu vereinfachen.

Einzelschulung: Wenn Sie bei der Verwendung von Windows 11 immer noch unsicher sind, versuchen Sie, eine Einzelschulung von einem Familienmitglied, einem Freund oder einem Gemeindezentrum in der Nachbarschaft zu erhalten.

Gehen Sie es langsam an: Fühlen Sie sich nicht dazu gedrängt, alles auf einmal zu lernen. Nehmen Sie sich Zeit, verschiedene Aspekte in Ihrem eigenen Tempo zu entdecken und damit zu spielen.

Kapitel Acht

Schauen wir uns in diesem Kapitel Folgendes an. Wenn Sie sich an die folgenden Schritte wagen und problemlos navigieren, wird Ihre Erfahrung mit Windows 11 zu einem bemerkenswerten Erlebnis.

- Musik hören mit Groove Music
- Filme und Fernsehsendungen ansehen
- Spiele mit dem Xbox Game Pass spielen
- Entdecken Sie neue Inhalte mit dem Microsoft Store

- Halten Sie Ihr System sicher

Groove Music ist der Musikplayer und Streaming Dienst von Microsoft. So verwenden Sie es:

Groove Music öffnen: Klicken Sie auf die Schaltfläche „Start" in der unteren linken Ecke des Bildschirms, geben Sie „Groove Music" ein und klicken Sie auf die Groove Music-App, wenn sie angezeigt wird.

Musik finden: Sie können gekaufte Musik hören oder neue Musik über den Streaming-Dienst von Groove Music entdecken.

Musik abspielen: Sobald Sie ein Lied oder Album gefunden haben, das Sie anhören möchten, klicken Sie einfach darauf, um mit der Wiedergabe zu beginnen.

Playlists erstellen: Sie können Playlists mit Ihren besten Songs erstellen, indem Sie auf die Schaltfläche „Neue Playlist" klicken und Songs hinzufügen.

Anpassungsoptionen: Groove Music bietet Optionen zum Ändern der Wiedergabequalität, der Equalizer-Einstellungen und mehr. Klicken Sie auf die Zahnrad Schaltfläche unten links, um die Einstellungen zu öffnen.

Filme und Fernsehsendungen ansehen:

Verwenden von Microsoft Movies & TV: Dies ist die integrierte App von Microsoft zum Ansehen von Filmen und Fernsehsendungen.

Inhalte finden: Öffnen Sie die App, indem Sie auf die Schaltfläche „Start" tippen, Filme & TV eingeben und auf die App klicken. Sie können Filme und Fernsehsendungen im Microsoft Store kaufen oder ausleihen.

Inhalte abspielen: Sobald Sie einen Film oder eine Fernsehsendung gekauft oder ausgeliehen haben, wird dieser in Ihrer Bibliothek angezeigt. Klicken Sie darauf, um mit dem Ansehen zu beginnen.

Anpassen der Einstellungen: Sie können Einstellungen wie Untertitel und Wiedergabequalität innerhalb der App ändern.

Spiele mit dem Xbox Game Pass spielen:

Abonnieren des Xbox Game Pass: Xbox Game Pass ist ein monatlicher Dienst, der Ihnen Zugriff auf eine Auswahl an Spielen bietet. Sie können beitreten, indem Sie die Xbox-Website besuchen.

Spiele installieren: Sobald Sie registriert sind, können Sie Spiele über die Xbox-App unter Windows 11 herunterladen und installieren. Klicken Sie auf die Schaltfläche „Start", geben Sie „Xbox" ein und klicken Sie auf die Xbox-App, um sie zu öffnen. Gehen Sie dann zum Game Pass-Bereich, um Spiele anzusehen und zu installieren.

Spiele spielen: Nachdem Sie ein Spiel heruntergeladen haben, können Sie es über die Xbox-App starten und mit dem Spielen beginnen. Die App bietet auch Funktionen wie Auszeichnungen und Freundesgruppen.

Entdecken Sie neue Inhalte mit dem Microsoft Store:

Durchsuchen des Microsoft Store: Im Microsoft Store finden Sie Apps, Spiele, Filme, Fernsehsendungen und mehr.
Inhalte finden: Öffnen Sie den Microsoft Store, indem Sie auf die Schaltfläche „Start" tippen, „Microsoft Store" eingeben und auf die App klicken. Sie können verschiedene Themen durchsuchen oder die Suchleiste verwenden, um bestimmtes Material zu finden.
Inhalte installieren: Wenn Sie etwas gefunden haben, das Sie suchen, klicken Sie darauf, um weitere Informationen zu lesen, und klicken Sie

dann auf die Schaltfläche „Installieren", um es herunterzuladen und zu installieren.

Das System sicher halten:

Windows-Änderungen: Windows nimmt regelmäßig Änderungen vor, um die Sicherheit und Effizienz zu verbessern. Stellen Sie sicher, dass Ihr System auf dem neuesten Stand bleibt, indem Sie Windows Updates automatisch ausführen lassen.
Antivirensoftware: Erwägen Sie die Verwendung einer Antivirensoftware, um Ihr System vor Malware und Viren zu schützen. Windows Defender ist in Windows integriert und bietet grundlegenden Schutz. Möglicherweise möchten Sie aber auch die Antivirensoftware von Drittanbietern erkunden, um zusätzliche Funktionen zu erhalten.
Sicheres Surfen: Seien Sie beim Surfen im Internet vorsichtig und

vermeiden Sie es, auf seltsame Links zu klicken oder Dateien aus unbekannten Quellen abzurufen. Verwenden Sie sichere Passwörter für Ihre Konten und verwenden Sie die Verwendung eines Passwort-Managers, um den Überblick zu behalten.

Firewall: Windows verfügt über eine integrierte Firewall, die unerwünschten Zugriff auf Ihren Computer verhindert. Stellen Sie sicher, dass es aktiviert ist, indem Sie zu Einstellungen -> Update & Sicherheit -> Windows-Sicherheit > Firewall & Netzwerksicherheit gehen.

Sichern Sie Ihre Daten: Sichern Sie Ihre wichtigen Dateien und Dokumente regelmäßig auf einer zusätzlichen Festplatte oder einem Cloud-Speicherdienst, um sie vor Verlust oder Beschädigung zu schützen.

Kapitel Neun

Dies sind die Themen, die in diesem Kapitel behandelt werden sollen, um die Verdauung zu erleichtern.

- Grundlegendes zu Windows-Sicherheitsfunktionen
- Installieren von Updates und Patches
- Verwendung von Antivirensoftware für zusätzlichen Schutz
- Üben Sie sichere Surfgewohnheiten
- Beheben häufiger Probleme

Grundlegendes zu den Windows-Sicherheitsfunktionen:

Windows Defender: Antiviren- und Antimalware- *Schutz:* Windows Defender, jetzt Microsoft Defender Antivirus genannt, arbeitet leise im Hintergrund, um Ihren Computer vor Viren, Malware und anderen Risiken zu schützen. Es überprüft Dateien und Websites in Echtzeit, um schädliches

Material zu identifizieren und zu entfernen.

So greifen Sie darauf zu: Auf Windows-Sicherheit, wo sich Windows Defender befindet, können Sie zugreifen, indem Sie auf die Schaltfläche „Start" tippen, „Windows-Sicherheit" eingeben und die App auswählen. Von dort aus können Sie den aktuellen Status des Gerätes Schutzes sehen, Scans durchführen und bei Bedarf Einstellungen ändern.

Benutzerkontensteuerung (UAC): Berechtigungskontrolle: Die Benutzerkontensteuerung (UAC) fragt Sie immer dann um Erlaubnis, wenn für einen Job Verwaltungsbefugnisse erforderlich sind, z. B. das Herunterladen von Software oder das Vornehmen von Systemänderungen. Dadurch werden unerwünschte Änderungen an Ihrem Computer verhindert.

So interagieren Sie damit: Als Senior sehen Sie UAC-Eingabeaufforderungen, wenn Sie versuchen, neue Software zu laden oder Systemänderungen vornehmen. Lesen Sie die Eingabeaufforderungen sorgfältig durch, bevor Sie fortfahren, und stellen Sie sicher, dass Sie der Quelle der Aktion vertrauen.

Secure Boot: Boot-Prozesssicherheit: Secure Boot schützt Ihren Computer während des Boot-Vorgangs, indem es nur das Laden bekannter Apps zulässt. Dies hilft, Malware-Versuche zu vermeiden, die auf den Startvorgang abzielen.

Wie Sie es verstehen können: Als Senior beschäftigen Sie sich vielleicht nicht direkt mit den Secure Boot-Einstellungen, aber Sie können beruhigt sein, dass Windows 11 dieses Tool enthält, um Ihr System sicher zu halten.

Installieren von Updates und Patches:

Automatische Updates:

Automatische Updates festlegen: Sie können automatische Updates festlegen, indem Sie zu „Einstellungen" > „Windows Update" > „Erweiterte Optionen" gehen und sicherstellen, dass unter „Auswählen, wann Updates installiert werden" die Option „Automatisch" ausgewählt ist.

So verwalten Sie es: Sobald automatische Updates eingerichtet sind, müssen Sie sich keine Gedanken mehr über das physische Laden von Patches machen. Windows lädt sie im Hintergrund herunter und installiert sie, sodass das System sicher und auf dem neuesten Stand bleibt.

Manuelle Updates: Nach Updates suchen: Als Senior können Sie direkt nach Updates suchen, indem Sie zu Einstellungen -> Windows Update gehen und auf „Nach Updates suchen" klicken.

Vorgehensweise: Wenn Sie lieber direkt nach Änderungen suchen, können Sie diese Schritte regelmäßig ausführen, um sicherzustellen, dass Ihr System auf dem neuesten Stand ist. Um die Sicherheit zu gewährleisten, sollten Sie alle wichtigen Änderungen schnell durchführen.

Verwendung von Antivirensoftware für zusätzlichen Schutz:
Antivirensoftware von Drittanbietern: Installieren Sie seriöse Software: Sie können Sicherheitssoftware von Drittanbietern von seriösen Unternehmen installieren, um Ihrem Computer eine zusätzliche Sicherheitsebene zu verleihen.

So wählen Sie aus: Wählen Sie bekannte Schutzsoftware mit guten Rezensionen und Bewertungen, indem Sie Freunde, Familie oder vertrauenswürdige Computerhilfeexperten um Vorschläge bitten.

Echtzeit-Scanning: Echtzeitschutz: Antivirensoftware bietet Echtzeit-Scanning, das Dateien und

Webaktivitäten kontinuierlich auf Anzeichen von Malware überwacht.

So können Sie es verwenden: Stellen Sie nach dem Laden sicher, dass in den Optionen Ihres Sicherheitsprogramms die Echtzeitüberprüfung zulässig ist. Dies bietet einen kontinuierlichen Schutz vor Bedrohungen, ohne dass regelmäßige Scans erforderlich sind.

Üben Sie sichere Surfgewohnheiten:
Webbrowser-Sicherheit: Browser auf dem neuesten Stand halten: Stellen Sie sicher, dass der Webbrowser auf dem neuesten Stand ist, um von den neuesten Sicherheits Fixes und -funktionen zu profitieren.

So pflegen Sie es: Stellen Sie Ihren Browser so ein, dass er automatisch aktualisiert wird, oder suchen Sie direkt nach Änderungen, indem Sie das Einstellungsmenü des Browsers besuchen.

Passwortsicherheit: Starke Passwörter: Verwenden Sie sichere, eindeutige Passwörter für Ihre Konten und erwägen

Sie die Verwendung eines Passwort-Managers, damit Sie sich ihre Passwörter sicher merken können.

So implementieren Sie es: Passwort-Organizer wie LastPass oder Boitwarden können komplizierte Passwörter für Senioren erstellen und speichern und so die Speicherauslastung verringern.

Behebung häufiger Probleme:

Performance-Probleme:

Ressourcennutzung prüfen: Als Senior können Sie mit dem Task-Manager prüfen, ob Apps eine große Menge an Systemressourcen verbrauchen, was möglicherweise zu Geschwindigkeitsproblemen führt.

So greifen Sie darauf zu: Der Task-Manager kann geöffnet werden, indem Sie Strg + Umschalt + Esc drücken oder mit der rechten Maustaste auf den Desktop klicken und „Task-Manager" auswählen.

Software Kompatibilität:

Kompatibilitätsmodus: Wenn Sie Kompatibilitätsprobleme mit älterer Software feststellen, können Sie versuchen, diese im Kompatibilitätsmodus zu starten, indem Sie mit der rechten Maustaste auf die ausführbare Datei des Programms klicken, „Eigenschaften" auswählen und zur Option „Kompatibilität" wechseln.

So probieren Sie es aus: Wenn ein Programm nicht richtig funktioniert, können Sie mit der rechten Maustaste auf seinen Ordner oder seine ausführbare Datei klicken, „Eigenschaften" auswählen und die Schritte befolgen, um es im Kompatibilitätsmodus auszuführen.

Probleme mit der Internetverbindung: Router/Modem neu starten: Senioren können Probleme mit der Internetverbindung beheben, indem sie ihren Router oder ihr Modem neu starten, wodurch häufig vorübergehende Netzwerkprobleme behoben werden können.

So geht's: Sie können Ihren Router oder Ihr Modem von der Stromquelle trennen, einige Sekunden warten und es dann wieder anschließen. Seien Sie geduldig, bis die Geräte neu gestartet werden, und versuchen Sie, sich wieder mit dem Internet zu verbinden.

Kapitel Neun

In diesem Kapitel finden Sie eine detaillierte Übersicht über das Folgende, die Ihnen als Senior bei Ihren Erfahrungen mit Windows 11 helfen soll.
- Identifizieren und Beheben von Softwarefehlern
- Beheben von Problemen mit der Internetverbindung
- Beheben von Hardwareproblemen
- Hilfe vom Microsoft-Support erhalten

Nehmen wir sie nun nacheinander.

Softwarefehler erkennen und beheben:
Identifizieren Sie die Fehlermeldung: Wenn Sie auf einen Softwarefehler stoßen, notieren Sie alle auf dem Bildschirm angezeigten Fehlermeldungen. Diese Meldungen enthalten oft nützliche Informationen über die Ursache des Problems.

Starten Sie den Computer neu: Viele Programmprobleme können einfach durch einen Neustart des Computers behoben werden. Klicken Sie auf die Schaltfläche „Start", dann auf das Power-Symbol und wählen Sie „Neustart".

Nach Updates suchen: Stellen Sie sicher, dass Windows 11 und alle Ihre geladenen Apps auf dem neuesten Stand sind. Gehen Sie zu Einstellungen -> Windows Update und klicken Sie auf

„Nach Updates suchen". Installieren Sie alle verfügbaren Patches.

Führen Sie den System File Checker (SFC) aus: FSC ist ein in Windows integriertes Tool, das beschädigte Systemdateien überprüft und repariert. Öffnen Sie die Eingabeaufforderung als Administrator (suchen Sie im Startmenü nach „cmd", klicken Sie mit der rechten Maustaste auf die Eingabeaufforderung und wählen Sie „Als Administrator ausführen"). Geben Sie dann sfc /scannow ein und drücken Sie die Eingabetaste.

Führen Sie eine Systemwiederherstellung durch: Wenn das Problem kürzlich aufgetreten ist, können Sie die Systemwiederherstellung verwenden, um Ihren Computer in einen früheren Betriebszustand zurückzusetzen. Suchen Sie im Startmenü nach „Systemwiederherstellung" und folgen Sie den Anweisungen auf dem Bildschirm.

Beheben von Internet- und Verbindungsproblemen:

Überprüfen Sie die physischen Verbindungen: Stellen Sie sicher, dass alle Kabel (Ethernet, Strom usw.) sicher mit Ihrem Gerät und Router/Modem verbunden sind.

Modem/Router neu starten: Ziehen Sie das Netzkabel von Ihrem Modem/Router ab, warten Sie etwa 30 Sekunden und schließen Sie es dann wieder an. Warten Sie einige Minuten, bis das Gerät neu gestartet wird.

Überprüfen Sie die Netzwerkeinstellungen: Gehen Sie zu Einstellungen -> Netzwerk und Internet. Überprüfen Sie, ob WLAN aktiviert ist und ob Ihr Netzwerk aufgeführt ist. Auf dieser Seite können Sie auch Netzwerkfehler beheben.

Netzwerk Treiber aktualisieren: Veraltete Netzwerktreiber können Verbindungsprobleme verursachen. Klicken Sie mit der rechten Maustaste auf die Schaltfläche „Start", wählen Sie

„Geräte-Manager", erweitern Sie die Gruppe „Netzwerkgeräte", klicken Sie mit der rechten Maustaste auf Ihren Netzwerkadapter und wählen Sie „Treiber aktualisieren".

Fehlerbehebung bei Hardwareproblemen:

Überprüfen Sie die Geräteverbindungen: Stellen Sie sicher, dass alle Geräte (Tastatur, Maus, Drucker usw.) ordnungsgemäß mit Ihrem Gerät verbunden sind.

Hardwarediagnose ausführen: Windows 11 verfügt über integrierte Diagnose Tools, die bei der Erkennung von Hardware Problemen helfen können. Suchen Sie im Startmenü nach „Windows-Speicherdiagnose", um den Speicher Ihres Computers zu überprüfen, oder suchen Sie nach „Fehlerbehebung" und wählen Sie „Hardware und Geräte", um die Hardware-Fehlerbehebung auszuführen.

Auf Überhitzung prüfen: Überhitzung kann zu Hardwareproblemen führen. Stellen Sie sicher, dass die Lüftungsschlitze Ihres Computers nicht blockiert sind, und ziehen Sie bei Bedarf die Verwendung eines Laptop-Kühlpads in Betracht.

Hilfe vom Microsoft-Support erhalten:
Microsoft-Support-Website: Besuchen Sie die Microsoft-Support-Website (support.microsoft.com) für Selbsthilfe Tools, einschließlich Debugging-Tipps und Wissensdatenbank Beiträge.

Wenden Sie sich an den Microsoft-Support: Wenn Sie das Problem nicht selbst beheben können, können Sie sich direkt an den Microsoft-Support wenden, um Hilfe zu erhalten. Besuchen Sie support.microsoft.com/contactus, um den richtigen Kontaktweg für Ihre Region und Ihr Problem zu finden.

Community-Boards: Microsoft betreibt außerdem Community-Boards, in denen

Nutzer Fragen stellen und Hilfe von anderen Benutzern und Microsoft MVPs erhalten können.

Virtueller Support: Microsoft bietet möglicherweise virtuelle Supportoptionen wie Chat oder Online-Unterstützung an, bei denen ein Supportmitarbeiter dabei helfen kann, das Problem direkt zu identifizieren und zu beheben.

Abschluss

Da wir das Ende von „Einfaches Windows 11 für Senioren 2024" erreichen, wird klar, dass das Alter kein Hindernis für die Beherrschung der neuesten Technologie darstellt. Auf dieser Reise haben wir die Besonderheiten des neuesten Betriebssystems von Microsoft, Windows 11, erkundet, das speziell auf die Bedürfnisse und Vorlieben von Senioren zugeschnitten ist. Von der Navigation auf dem Desktop über das Anpassen von Einstellungen bis hin zur Online-Kommunikation und der Sicherheit in der digitalen Welt hat Ihnen dieses Buch bei jedem Schritt als verlässlicher Leitfaden gedient. In der heutigen schnelllebigen und sich ständig weiterentwickelnden digitalen Landschaft ist es für Senioren von entscheidender Bedeutung, sich sicher und befähigt zu fühlen, Technologie zur Bereicherung ihres Lebens zu nutzen.

Mit Windows 11 als Ihrem digitalen Begleiter haben Sie die Fähigkeiten und das Wissen erworben, um mit Ihren Lieben in Verbindung zu bleiben, neue Hobbys und Interessen zu entdecken und Ihrer Kreativität wie nie zuvor freien Lauf zu lassen. Aber unsere Reise endet hier nicht. Mit der Weiterentwicklung der Technologie entwickeln sich auch Ihre Fähigkeiten und Ihr Selbstvertrauen im Umgang damit weiter. Denken Sie daran, dass Lernen eine lebenslange Reise ist und jede Herausforderung, die Sie meistern, die Tür zu neuen Möglichkeiten und Erfahrungen öffnet. Wenn Sie sich also auf Ihr nächstes digitales Abenteuer einlassen, sei es die Beherrschung einer neuen App, die Erkundung sozialer Medien oder das tiefere Eintauchen in die Welt von Windows 11, wissen Sie, dass Ihnen die Tools und Ressourcen zur Verfügung stehen, um erfolgreich zu sein. Begrüßen Sie das digitale Zeitalter mit Begeisterung und

Neugier und zögern Sie nie, bei Bedarf Hilfe oder Rat einzuholen. Vielen Dank, dass Sie uns auf dieser Reise durch „Easy Windows 11 für Senioren 2024" begleiten. Möge Ihre Zukunft in der digitalen Welt voller endloser Möglichkeiten, Kreativität und Freude sein. Viel Spaß beim Rechnen!
Herzliche Grüße,
Steve Hopkins

Index

- Einführung in Windows 11
- Erste Schritte mit Ihrem Computer
- Einschalten und Anmelden
- Den Desktop erkunden
- Das Startmenü verstehen
- Navigieren in Windows 11
- Verwenden des Datei-Explorers
- Anpassen der Taskleiste
- Beherrschen von Tastaturkürzeln
- Arbeiten mit Anwendungen
- Verwenden von Microsoft Edge zum Surfen
- E-Mails mit Mail verwalten
- Entdecken Sie Office-Apps: Word, Excel, PowerPoint
- Passen Sie Ihr Erlebnis individuell an
- Personalisieren Sie Ihren Desktop-Hintergrund
- Anpassen der Anzeigeeinstellungen
- Barrierefreiheit Funktionen einrichten
- Online sicher bleiben

- Internetsicherheit verstehen
- Konfigurieren von Firewall und Antivirus
- Online-Betrug erkennen
- Sich mit anderen verbinden
- Skype für Videoanrufe verwenden
- Erkundung der Social-Media-Integration
- Dateien und Ordner freigeben
- Beheben häufiger Probleme
- Behebung langsamer Leistung
- Beheben von Softwarefehlern
- Hilfe vom Support erhalten
- Erweiterte Funktionen für Power-User
- Virtuelle Desktops und Aufgabenansicht
- Verwendung von Windows Defender für erhöhte Sicherheit
- Entdecken Sie Cloud-Speicher mit OneDrive
- Fazit und weitere Ressourcen

www.ingramcontent.com/pod-product-compliance
Lightning Source LLC
Chambersburg PA
CBHW050324230526
45471CB00005B/2341